AF401028

LE TRIBUN

DES ALPES

PAR

MICHEL CHASTEL.

Tros Rutulusve fuat nullo discrimine habebo.

Je traiterai de la même manière les Troyens
& les Rutules.

VIRG. *Ænéid.*

GENÈVE.

PLUVIOSE AN VIII.

DISCOURS PRÉLIMINAIRE.

Et moi aussi je veux sonder la profondeur du cratère révolutionnaire, je veux m'égarer un instant sur des ruines. Je ne mettrai point ma brochure à l'index de la démagogie, je ne craindrai point de soulever contre moi des essaims de royalistes ; je tracerai d'une main hardie le tableau généalogique de nos malheurs, parce que je l'envisage comme une introduction non - seulement utile, mais nécessaire.

Sans cependant remonter à cette série d'événemens qui ont placé les fondateurs de la révolution entre la potence & la guillotine, je tâcherai de mesurer la profondeur du précipice qui vient d'être comblé, & la hauteur des destinées qui nous attendent. Loin de moi l'intention de vouloir, par cette esquisse comparative, accuser tous lés gouvernans des crimes qu'ils ont commis ; loin de moi l'intention de vouloir mortifier la classe de ces hommes que des revers ont éloignés du républicanisme ; loin de moi l'intention de vouloir exaspérer la haine de ceux qni sont tombés dans les pièges du Directoire exécutif ; loin de moi l'intention de vouloir diriger la vengeance de ceux qui se débattaient hier dans les serres des factions ; je suis trop amant de ma patrie pour rouvrir les plaies de l'état, envénimer toutes les blessures , & secouer sur mes concitoyens les torches de la discorde. On ne me verra point souiller ma plume par les noms d'aucun individu, je me bornerai à combattre le Royalisme & à parler des abus de la Démocratie, non pour calomnier sa nature, mais pour prouver qu'il est impossible de suivre ses maximes parmi nous.

Puisse mon ouvrage ramener les égarés, appaiser les mécontens , & faire taire les impatiens ! ! . . . Si je ne parviens à fixer que la confiance d'un seul citoyen, j'aurais encore le double avantage d'avoir payé à ma patrie le tribut de mon opinion, & trouvé la seule récompense qui plaise à mon cœur.

LE TRIBUN DES ALPES

PAR

MICHEL CHASTEL.

ROBESPIERRE, cruel par faiblesse, monte à l'échafaud. Il manquait à ce féroce régénérateur d'avoir exercé son courage. L'homme qui n'a pas vécu dans les combats, n'acquiert jamais cette fermeté nécessaire qui triomphe & des Dieux & des hommes. Sa chûte apprit à l'univers que la domination d'un lâche n'est qu'une ombre de puissance que le moindre vent peut dissiper. Robespierre n'est plus, j'en ai déjà trop dit : c'est la postérité qui doit classer sa mémoire. A sa mort, ô contraste incroyable ! toutes les fractions du peuple français, toutes les nations s'épanouissent. On chante à Rome, on danse à Paris, on respire à Londres, on boit en Allemagne, on fume en Hollande, on doute en Amérique. Cet événement parait en Europe comme le

présage du retour de la royauté en France.
Cette opinion s'accroît, les royalistes se re-
lèvent, leur idole trouve de nouveaux ado-
rateurs; mais le peuple est encore amant pas-
sionné de la révolution ; il est la force de
l'Etat, & les républicains, quoique dans la
plus profonde inertie, sont autant de puis-
sances, dès qu'il s'agit de renverser la liberté.

Pitt voit notre situation, Pitt invoque la
discorde. Elle accourt toute échevelée, se
couvre du masque républicain, se produit
par-tout, prêche les principes, & en com-
pose un amalgame affreux avec la calomnie
& la haine. C'est l'*aqua tofana* qui doit tuer la
République, & en détacher tous les membres.

La discorde verse ce poison à pleines mains,
en rappelant aux uns les maux qu'ils ont
soufferts, aux autres les maux qui leur étaient
préparés. La vengeance, cette inséparable
compagne de la principale Déesse des enfers,
entre dans tous les cœurs ulcérés. Déjà ils
ne respirent plus que le meurtre : une terrible réaction commence, le sang coule de
toute part, & bientôt il n'est plus d'asile en
France ni pour la vertu, ni pour le crime.
L'homme de bien meurt sous les coups d'un
assassin qui lui-même tombe à l'instant sous
les coups d'un autre; mais, ô admirable ins-

tinct qui veille à la sûreté des empires !...
La force publique ne pouvant plus garantir
la sûreté personnelle, tous les partis sentent
la nécessité de donner une constitution à la
France; on s'empresse de la rédiger. Le royalisme, l'anarchie, l'intérêt & l'ambition de
quelques individus dictèrent cette œuvre de
mauvaise foi. Elle parut au sein du peuple
effrayé comme une planche pourrie au milieu
d'un naufrage. Elle peut sauver les uns, elle
peut tranquilliser les autres. Ces avantages
suffisent pour compenser les imperfections de
ce nouveau code, il est accepté.

Le Directoire exécutif sort comme du cahos.
Environné de tous les élémens hétérogènes,
qui avaient concouru à sa formation, il croit
ne pouvoir conserver son autorité, au milieu
de la turbulence des factions, qu'en adoptant
un système d'équilibre qui ramène périodi-
quement des catastrophes épouvantables.

Pendant ces tems de désolation, une armée
pénètre en Italie contre toute probabilité, s'y
maintient, s'enfonce en Allemagne, & jette
les bases d'une paix continentale. Tout-à-coup
un nouvel horizon se présente à nos yeux;
la guerre paraît avoir décidé que le peuple
français est invincible. Les Rois nous respec-
tent, notre puissance est avouée; les nations

tremblent au bruit de nos exploits ; les faibles briguent notre protection ; les forts s'honorent de notre amitié ; le Directoire exécutif fait la police de l'Univers ; la République enfin, semblable à un rocher qui s'élance magestueusement du milieu des flots, paraissait comme les montagnes de Calpe & d'Abila devoir survivre à tous les siècles.

Bientôt la corruption de la victoire nous fait mépriser nos ennemis, & soit que le défaut de prévision laisse la République à la merci des événemens, du royalisme & du démagogisme mal enchaînés ; soit que le Directoire exécutif, oubliant qu'il repose sur des bases d'argile, veuille asservir & les nations & le peuple français ; on voit des Satrapes appésantir un joug de fer sur nos alliés, pendant que l'on déporte en Afrique l'élite de nos troupes, pendant que dans l'intérieur on éteint le feu sacré de l'amour de la patrie par un système d'isolation individuelle, qui va gagner jusqu'au dernier des citoyens. Gouvernans, gouvernés, tous s'arment d'une rapacité qui menace d'engloutir tout. Là majorité de la nation ne voit plus dans la République qu'une malheureuse proie déchirée à belles dents, & dans un accès de mauvaise humeur, elle se sépare de la raison nationale.

Les citoyens ne voient plus dans la révolution que les ravages de la jalousie, & le tableau hideux d'une continuité de crimes, de trahisons, de violences, d'injustices, de tourmens, de haines, de vengeances, de tyrannies, de révoltes, d'assassinats, de proscriptions, de déportations, d'exclusions & de rapines.

La coalition renouée par les talens de Pitt, forte de la haine que nous ont vouée les peuples vaincus, encouragée par nos dissentions, rafraichie par cent mille Russes, oublie ses défaites passées, & l'épée à la main, veut nous contester derechef notre indépendance. Les Rois préludent aux horreurs de la guerre par le massacre de nos plénipotentaires à Rastadt. O crime inoui jusqu'à nos jours ! tu n'es pas expié, & nous vivons encore !... O honte, ô tache ineffaçable ! loin de courir aux armes pour venger la nation outragée, on voit le riche resserrer son or, le pauvre croiser ses bras, & le patriote refuser son cœur à la République. Chacun s'isole & se conserve pour être dévoré en un seul jour. O fatalisme impénétrable !... aveuglement des humains ! tristes effets des perfidies révolutionnaires ! voilà quel aurait été le résultat de cette léthargie dont nous ne devions sortir que pour nous voir couvrir de chaines. On ne veut plus penser, on ne veut plus agir, on est résigné. C'est de sang-froid que l'on calcule les suites de la contre-révolution ; c'est sans frémir de rage que nous entendons le récit de nos déroutes. C'est sans nous émouvoir que nous voyons flotter les lis dans les départemens, que nous voyons des traîtres nous vendre, des assassins nous décimer, des législateurs nous insulter, des gouvernans nous endormir. Des messages qui, dans d'autres tems, eussent fait dresser les cheveux, sont applaudis, appuiés & convertis en lois par l'autorité législative. Son temple, dont on ne devrait s'approcher qu'avec respect, qui devrait inspirer ces palpitations des cœurs dévoués à la patrie, n'est plus qu'une buanderie où l'on blanchit tous les fripons. Les Conseils infusent l'anarchie dans toutes les parties de la société. Des milliers de journaux consacrent les forfaits du Directoire exécutif, nous vantent sa sagesse, insultent au civisme, étouffent les germes de la liberté, excusent les traîtres, chantent les succès des révoltés, favorisent les complots de toutes les inepties ; c'est enfin dans les bras des assassins de la France que nous traînons lâchement notre pénible existence.

Un gouvernement basé sur la haine du citoyen contre le citoyen, sur l'immoralité de tous ses alentours, sur les divisions de ses agens, sur les inquiétudes du présent, sur la terreur de l'avenir, nageant entre la guillotine, la potence ou la roue, reposant sous une voûte de poignards, circonvenu par la haine publique, épouvanté par la misère du peuple, attaqué par l'audace même de ses favoris transformés en conspirateurs. Ce gouvernement entrelacé par le crime ne peut ni se faire pardonner, ni se maintenir, ni se faire respecter, ni se faire aimer, ni même se faire craindre, encore moins faire la guerre. Ses amis ostensibles sont le virus qui le corrode ; ses ennemis les plus acharnés sont parmi ses défenseurs les plus intrépides. Les royalistes sont ses protecteurs, les lâches ses flatteurs, les voleurs sont ses protégés ; ses auxiliaires sont les enrichis, ses valets sont les ambitieux sans moralité ; ses victimes sont les hommes libres ; ses esclaves sont tous les citoyens, sur-tout cette immense majorité qui a besoin d'abandonner les rênes de l'État, parce que tous ses instans sont consacrés au travail qui doit apporter dans les familles les richesses & l'abondance.

C'est ici que l'Europe contemple la France

interdite, s'étonne elle-même de notre frayeur, doute de notre stupeur & sourit de notre irrésolution. Jamais l'histoire n'a présenté un peuple dans une situation aussi allarmante. Chaque jour perdu centuple nos dangers, anéantit nos ressources. Un jour de plus peut-être & nous n'aurions pas eu le choix d'appeler la Royauté. Tout est dans la consternation, toutes les familles sont désolées. Le déshonneur, l'infamie, la ruine, la mort nous attendent, & c'est sans tomber dans des convulsions insurrectionnelles que l'on calcule les suites de cette affreuse perspective !!.... Est-ce stoïcisme ? est-ce circonspection ? est-ce lâcheté ? non, c'est affaissement moral. Un peuple terrifié trop long-tems finit par s'abrutir. Nous sommes arrivés au plus haut point de dégradation. Tout languit, tout est éteint jusqu'à la volonté. La faculté d'entendre, de sentir, de raisonner n'existe plus. Tout est émoussé, tout est blasé. Le déluge de la contre-révolution a déjà inondé huit républiques ; la rage des Rois s'apprête à faire fondre toutes les autres comme les neiges du printems, & nous nous interdisons jusqu'aux accens de la douleur ! nous nous suicidons nous-mêmes !

Un Jérémie fait-il entendre sa voix, aussi-

tôt des législateurs osent lui parler de pru-
dence, & sous ce lâche prétexte il doit faire
taire ses sanglots, dévorer ses larmes, étouf-
fer les élans de son désespoir. Nous tendons
les mains à des hordes d'esclaves accourus
des bords du Tanaïs pour se laver les mains
dans notre sang, se gorger de nos richesses,
se saturer de toutes les calamités. Nous courons au-devant des destructeurs, & nous
croyons mériter leur bienveillance en affec-
tant une apathie, une insensibilité qui tient
des corps inanimés. O peuple français ! ne
dirait-on pas que tu avais acquis la certitude
de périr en te défendant, & que tu préférais
de périr sans résister ? Jadis nos bataillons
couraient à la mort en chantant : *allons enfans
de la patrie ?* .... la victoire était pour eux.
Les Romains, avant de combattre, juraient
de vaincre ou de mourir ; ils triomphaient.
Nous !... nous ne voulons ni vivre, ni mourir,
ni combattre. Insensibles à la gloire comme
à l'honneur, nous attendons notre dernière
heure, à l'exemple des malheureux condam-
nés au dernier supplice. La police de Péters-
bourg espionne nos pensées, nos actions ; &
ce n'est que dans les bras de la plus parfaite
intimité que l'on ose avouer son indignation.
Les modérés s'honorent de leur lâcheté, les

traîtres portent par-tout le désordre & la con-
fusion. Parle-t-on des dangers de la patrie ?
on est suspect ? Parle-t-on de nos revers ?
on est allarmiste. Propose-t-on des mesures salu-
taires, indispensables ? on est terroriste. Fait-
on des sages représentations ? on les repousse
comme indiscrettes. La faction des endormis
ferait, dans son délire, mettre à mort ceux qui
tentent de la réveiller : semblable à Tigranne
qui fit trancher la tête à celui qui vint l'in-
former de l'entrée de Lucullus en Arménie ;
de sorte que personne n'osant plus lui parler
des Romains, ils arrivèrent sous les murs de
sa capitale avant que l'avis de leur marche lui
fût parvenu.

O gouvernement infâme ! c'est avec le ton
d'un régulateur suprême de l'Univers que tu
commandais hier à Rastadt tes conceptions de
chicane, comme de vils écrivassiers par notes
& contre-notes. Aujourd'hui tu ne sais pas
combattre, tu ne sais pas armer le génie militaire de la toute-puissance nationale. O malheureux qui avez désolé ma patrie ! votre
longue présence à Paris sanctionne notre
lâcheté ; vous ferez dans tous les tems la
honte des générations présentes. Autant vous
étiez insolens dans la prospérité, autant vous
êtes vils dans l'adversité ! Vous dissimuliez

au peuple la profondeur du précipice creusé sous nos pas; vous vouliez conduire une grande nation , vous n'étiez pas seulement dignes d'être caporaux. Vous ne savez ni commander, ni parler, ni agir, ni influencer, ni électriser, ni abattre , ni créer, ni conser‑ ver. Vous n'êtes que des lâches armés de toute la présomption de la sottise. Vous par‑ liez, brigands , de la constitution , vous l'éludiez avec dérision , vous l'enfreigniez avec audace. Les Italiens, les Helvétiens, les Bataves volés, frustrés dans leurs droits , assassinés, vendus à leurs anciens bourreaux déposent contre vous. Nos places fortes livrées, nos armées défaites , nos magasins, les caisses publiques, nos finances exploitées par des vampires; les largesses des Conseils employées à les diviser & à salarier des espions , vous traînent au tribunal de l'opinion publique. Nos généraux destitués , conspués , avilis; tous les militaires enfin traînés dans la boue, sans considération , sans honneur, sans ré‑ compense, sans vêtemens, sans nourriture & sans solde, sont des témoins irrécusables de votre haine pour la liberté. Des commissaires dépouillant les Républiques, sans égard pour le droit des gens, pour la justice; des en‑ voyés renversant, au gré de leurs caprices,

& les constitutions & les institutions les plus chères de nos alliés; tant de violences exécutées, au mépris des peuples, nous ont convaincus qu'il ne suffit pas d'avoir beaucoup d'impertinences dans des antichambres, qu'il ne suffit pas d'être pompeusement vêtu & salué par des satellites, pour gouverner une grande nation.

C'en est fait : toutes vos fureurs, vos complices, vos affidés, vos escadrons, votre garde prétorienne sont inutiles. Le cri de vos victimes, l'horreur de vos brigandages, la vérité enfin vient vous poursuivre jusques dans le repaire de votre conscience. L'embarras, l'inquiétude, la pâleur sont sur votre front. Déjà vos misérables suppots partagent vos craintes, & dans peu, nous vous verrons vous & tous ces hommes qui ne sont connus que sous le rapport de leurs forfanteries & de leurs imprécations, être chassés impitoyablement, & redescendre dans la fange d'où ils n'auraient jamais dû sortir.

Une trop triste expérience nous avait appris que le Directoire exécutif était l'hidre à cinq têtes, on en coupe une, il en renaît une pire ; il faut donc en finir. La nécessité nous commanda d'accepter la Constitution de l'an III ; le même motif nous ordonne impérieusemen sement de la déchirer aujourd'hui : ainsi le veulent la raison & les circonstances. Cependant la constitution sert d'égide à tous les partis qui s'observent. Les gens de bien craignent que les jacobins ne soient émancipés le jour où cette révolution s'opérera ; mais il faut enfin sortir d'une situation cent fois plus orageuse que celle où l'on tremble d'arriver. Chacun prépare son plan : on conspire ouvertement , on conspire clandestinement, on conspire de tous côtés.

Ceux qui craignent & les poignards des émigrés, & les fureurs des jacobins, réunis à ceux qui vont prendre des leçons de politique chez nos modernes *Aspasie de Milet* , croient que les ressorts de la République sont usés par les victoires comme par les crimes; ils veulent en conséquence créer une monarchie constitutionnelle, ayant à sa tête un Prince protestant qui a fait jusqu'à présent un trafic continuel de la frayeur des Français , & de la terreur des coalisés; on espère qu'il fera une heureuse diversion dansle nord , si les Rois ne s'empressent de reconnaître le nouvel empire des Francs. D'autres veulent un dictateur; mais ils sont divisés sur le choix du général & des officiers qui doivent composer son état-major ; mais ce projet a peu de par-

B

tisans. On craint que le Dictateur ne prétende un jour prouver, avec des baïonnettes, que la République lui appartient *cum plenario jure summi imperii, proprietatis & possessionis.*

Les plus sages soupirent après une République aristocratique ; mais cette forme de gouvernement ne peut se soutenir que par des citoyens irréprochables , qui réunissent l'éclat des richesses aux talens & aux vertus. Et comment, Grand Dieu ! trouver en France des hommes avec des qualités aussi respectables ?...

Les intrigans, & ce sont ceux qui crient le plus haut, veulent absolument conserver la Constitution de l'an III, parce qu'ils ne voient dans les malheurs de la République qu'un prétexte de chasser les gouvernans, pour se substituer à leur place, se nourrir de tous les abus, placer leurs parens & leurs amis. Ils prévoient bien qu'ils ne tarderont pas à être culbutés à leur tour ; mais peu leur importe. Ils auront soin de bien lester leurs poches, & puis ils s'embarasseront fort peu des tempêtes futures.

Tous ces différens partis s'accordent à peu-près sur divers points, tels sent : l'intégralité du territoire , l'exclusion à perpétuité des Bourbons, des émigrés ; la liberté des cultes & les principales institutions républicaines.

Tous veulent par-dessus toutes choses enchaîner la démagogie.

Cette dernière faction ne se fait point illusion sur les projets ultérieurs de ses ennemis. Elle compte dans son sein des hommes vertueux dont les persécutions ont aigri & fortifié le caractère, quelques démocrates de bonne foi, capables de se dévouer à leurs pays, & qui, comme transportés hors des limites de la nature, lorsqu'il s'agit de sauver l'Etat, immoleraient, dans leurs accès de civisme, leurs parens, leurs amis, leurs bienfaiteurs.... s'immoleraient eux-mêmes!.... On compte encore dans les rangs de la démagogie plusieurs républicains qui, n'ayant pas encore su mettre à profit les leçons de l'expérience, ne se rappellent que des beaux jours de la révolution, ne prennent pour phare que les principes de ces tems fortunés, & veulent en conséquence dilater l'autorité dans un moment où tout nous force de la concentrer. Le reste n'est qu'un ramas de turbulens, d'ignares & d'êtres immoraux, qui, n'ayant rien à perdre, ont tout à gagner dans les dissentions civiles. Leurs chefs sont des furieux à qui il faut de la puissance, & selon eux, l'on n'est puissant qu'en mettant le feu de toutes parts.

Cette cruelle maladie est parvenue chez eux à un si haut degré de rage que la mort même de. tous leurs ennemis naturels ne suffit pas pour désaltérer leur soif de sang ; ils s'acharnent principalement sur ceux qui ont rendu le plus de services à l'Etat. La moindre rivalité, le moindre prétexte suffit pour vous faire monter à l'échafaud. Vous avez beau vous distinguer d'entre vos concitoyens, vous signaler par des actions d'éclat ! Si vous avez le malheur de dévier un seul instant de la ligne de démarcation tracée par leur main féroce, ni vos services, ni vos talens, rien ne peut vous sauver. Ils ne vous admettront pas même à vous justifier ! & quel est le Français qui n'a pas fait des fautes ?.... Nous en avons tous fait, les uns de plus grandes, les autres de moindres. Ceux-ci de dessein prémédité, ceux-là par hasard, ou se sont laissés persuader par la méchanceté d'autrui. D'autres ont été entraînés par le torrent révolutionnaire, & la plupart ont conservé leur innocence, mais les apparences les accusent ; enfin, on peut dire avec raison du peuple français ce que Sénèque disait des Romains :

« Considérez cette ville où il y a tant de
» peuple qu'on ne peut pas passer sans se
» heurter dans les rues les plus spacieuses,
» où l'on cherche de nouveaux chemins pour

„ aller en même tems à trois différens théâtres,
„ où l'on consume tous les bleds qu'on sème
„ par toute la terre ; en quel horrible désert,
„ en quelle affreuse solitude convertirez-vous
„ cette ville, si l'on n'y laisse que ceux qu'un
„ juge rigoureux & sévère déclarerait inno-
„ cens ! Quel juge n'est pas coupable lui-
„ même contre les lois & les ordonnances
„ dont il fait punir les infracteurs ? Et quel
„ est l'accusateur qui soit exempt de crimes ?
„ Cependant il n'y a personne qui ait plus
„ de peine à pardonner que ceux qui ont le
„ plus besoin de pardon. „ Tels sont les démagogues ! ils ne savent point pardonner
même à leurs amis ; ils se croient conséquem-
ment menacés d'autant de périls qu'ils en
préparent aux autres. Ils vous paraissent
aujourd'hui ne s'attacher qu'à quelques individus ; mais ce n'est qu'un exercice prépara-
toire pour passer ensuite à la destruction de
tous. Si jamais ils triomphent un seul instant,
le premier acte par lequel ils signaleront
leur résurrection, sera de compromettre deux
cents mille hommes, en les faisant participer
de gré ou de force à l'exécution de leurs san-
guinaires desseins. Oui, cruels démagogues !
semblables à la peste, vous n'avez que la
puissance de nuire ; les ruines, les inimitiés,

les prisons, les échafauds vous suivent pas-à-pas. Avec un pareil cortège, vivrait-on plus épouvanté, si l'on se donnait pour gouvernans des léopards, des tigres & des panthères ?

Une dernière faction, la plus ancienne de toutes, c'est le royalisme en *surplis*. Ce parti est le plus nombreux, mais il est le plus lâche; il serait le vrai, le digne pendant de la démagogie, s'il était, comme elle, un assemblage monstrueux de courage, de vertus & de vices. Le royalisme a, pour antagonistes irréconciliables, toutes les autres factions, les armées sur-tout, les acquéreurs des biens nationaux, tous ceux enfin que la révolution a compromis aux yeux de l'implacable royauté de 1788. Cependant ses orateurs croient déjà ne plus devoir dissimuler, ils osent se montrer. Malheur à eux ! ils se sont trop pressés de jouir. Les plus hardis démagogues saisissent cette heureuse occasion par les cheveux, ils font un appel à tous les frères conjurés. Amis ! s'écrie l'un d'eux : le royalisme lève une tête altière, la patrie est en danger!... sortez, il en est tems, de cet état de nullité qui fait votre honte & la force de vos ennemis. Il dit, & tourne aussi-tôt sa pique contre le flanc de la montagne. A l'ins-

tant tous les jacobins en foule sortent impé-
tueusement de leurs cavernes ; ils se mettent
en évidence, & se répandant par-tout, ils
excitent en France la plus affreuse rumeur.

Hæc ubi dicta, cavum conversa cuspide montem
Impulit in latus ac venti velut agmine facto,
Quâ data portâ ruunt & terras turbine perflant.

VIRG. Ænéid. Liv. I.

Leurs tablettes à la main, ils ont bientôt
classé tous les meilleurs citoyens à la colonne
Nigrum; les listes inclusives & exclusives sont
faites ; les purs vont épurer la France. Il ne
leur faut plus pour commencer l'opération
qu'une séance nocturne. Les nausées du Cham-
pagne, la chaleur du Bourgogne, les va-
peurs du Malaga exaltant toutes les têtes,
feront emporter les décrets comme d'assaut.
Mais qui pourra le croire ? c'est la corruption
des mœurs qui nous sauvera de ces réunions
infernales. Le foyer de la Montansier, l'hôtel
de Mde. de Stainville, le palais de Gnide,
la Michaudière, le Biribi, le Vaudeville
comme l'opéra appellent la majorité des Dé-
putés, pendant que les autres vont donner
la main à leur belle qui veut absolument aller
étaler ses graces à Frascati, se promener aux
Elisées ou danser à Tivoli. O ma chère patrie ! j'ai vu néanmoins un instant où ils ont

B 4

failli de triompher. La masse ignare des Dé-
putés, épouvantée de l'approche de Suwarow,
allait se jeter dans leur bras : semblable aux
petits oiseaux qui fuyant les serres de la pie
grièche , n'apperçoivent que cet accipitre
dans l'Univers , heurtent les arbres, se lais-
sent prendre avec la main , ou vont se jeter
en foule dans les rets de l'oiseleur.

Graces vous soient rendues, Brune & Massena ! !... vos victoires intempestives pour la
démagogie ont donné à ces lâches collègues
le tems de respirer. Revenus de leur épou-
vante , & rendus à leurs sens, ils ont recou-
vré la faculté de voir, par leurs propres yeux,
la démagogie dans toute sa nudité. Ils ont
vu que son point d'appui est la guillotine ,
que le ressort de sa puissance est la terreur,
que son systême de finances est la dépouille
de tous les citoyens. C'est alors que vous vous
vites repoussés avec indignation , ô démagogues forcenés ! vaincus aujourd'hui, la République vous pardonne ; elle a besoin d'oublier
vos écarts. Vous avez des vertus civiques ;
vos crimes furent ceux d'un amant jaloux.
Il vous reste du courage ; vous êtes suscep-
tibles de mettre la main dans le feu, de vous
jeter dans un gouffre. La République hono-
rera toujours des vertus aussi sublimes, elle

n'a jamais cessé d'espérer en vous; mais adou-
cissez votre caractère, ne forcez point le gouvernement à s'armer contre vous d'un glaive
qui ne doit frapper que les ennemis de la
liberté. Convenez, convenez au moins que
ce n'est plus avec les affreux élémens dont
vous fîtes usage qu'on peut faire aimer la
République, organiser la victoire, encourager
les conscrits, repousser l'ennemi & écarter la
contre-révolution armée de la haine qu'on vous
porte, & de l'horreur que vous inspirez.

A travers toutes ces factions législatrices,
on distingue une tourbe de membres que je
ne saurais mieux comparer qu'à des porcs à
l'auge. Si vous leur donnez des choux, ils
les mangent ; si vous leur présentez de la
chair, ils la dévorent; si vous leur jetez des
excrémens, il en font leur met le plus délicieux. Semblables à ces animaux immondes,
les chers collègues s'engraissent de tout. Les
victoires, les défaites, les discussions les plus
intéressantes, les déchiremens même du Corps
législatif, transformé en une arène de gladia-
teurs, ne peuvent les émouvoir; ils sont d'un
passif incroyable. On les voit assis noncha-
lamment feuilleter leur distribution, dont ils
ne lisent pas même les titres, avant de la
vendre aux épiciers ou aux apothicaires qui

se chargent ensuite de faire circuler, d'une manière digne, tant de belles oraisons imprimées à six ou douze exemplaires.

Vous les voyez s'amuser avec les plis de leur manteau, jouer avec leur panache ou avec les glands de leur ceinture, comme des enfans joueraient avec des hochets ; enfin ils sont là bouche béante comme des gobes-mouches. Ils ne savent rien, ne voient rien, n'entendent rien, ne comprennent rien. Ils ignoreraient, je crois, jusqu'à leur propre existence, si la cloche qui bat quatre heures ne venait leur rappeler qu'il est tems d'aller se remplir le ventre. A peine le dernier coup est-il frappé qu'il se fait un tapage égal en tout à celui des chevaux qui apperçoivent le palefrenier qui leur apporte l'avoine. On tousse, on crache, on se mouche, on se frotte les mains, on jase en faux-bourdon, on trépigne des pieds. L'un se lève, l'autre s'enva. Celui-ci monte, celui-là descend ; & le pauvre orateur impatient s'agite à la tribune comme un désespéré. Ni les feux roulans de ses yeux étincelans de colère, ni la sueur qui inonde son visage, ni l'écume qui sort de sa bouche à gros bouillons, ni ses gestes, ni les inflexions de sa voix ne peuvent ramener le silence. Il ne peut plus fixer l'attention, il ne peut même endormir ou faire bailler personne. Il frappe du poingt comme un porte-faix, froisse son manuscrit, & voudrait, dans sa colère, tenir la branche du Veypum pour assommer tous ses collègues les uns après les autres. Le président de son côté sonne à deux mains, on le prendrait pour un marguillier de la basilique de St. Pierre; mais un honorable membre, qui voit avec impatience son imperturbable opiniâtreté à rappeler tout le monde à l'ordre, s'avise d'un expédient. Il tire sa montre & la pose sur le bureau. Admirez l'efficacité de ce moyen!.. Déjà quatre heures! s'écrie le président. O ciel! ces dames m'attendent. Citoyens, la séance est levée & la discussion ajournée à demain. L'importune clochette tombe alors des mains du président qui quitte le bureau avec tant de précipitation qu'il en renverse son fauteuil. Les secrétaires plient paquet, tous se lèvent pêle-mêle ; les uns s'entre-choquent, les autres marchent sur la queue des manteaux qui les précèdent; on se presse à la porte de la salle comme la foule en sortant du spectacle, & pour que l'honneur de la République ne soit pas tout-à-fait compromis, on voit tous nos manteaussiers, *in conspectu populi*, président en tête, défiler gravement, & avec une importance césarienne,

au son de la'musique , entre deux rangs de grena-
diers qui bordent la haie , & qui rougissent d'être
forcés de présenter les armes à des individus
qui ne savent marcher qu'au pas de manœuvre.

Après avoir analysé & disséqué le Corps
législatif , on demeure convaincu que tant
d'élémens hétérogènes ne peuvent produire
que l'anarchie , & en effet , elle ne fut jamais
plus complette. Si malheureusement il n'existe
point de grand homme dans l'Etat ; si quelques secousses n'en jettent pas quelques-uns
à la place où les dangers & la gloire les appellent , tout est perdu , tout est presque
désespéré. Ce qui échappe aux fureurs de la
guerre va tomber sous les coups de la vengeance , de la misère ou du désespoir ; c'est
une explosion volcanique qui menace de tout
engloutir.

Ainsi devait périr la France entière , lorsque les rayons de l'orient nous annoncent
l'arrivée de Buonaparte. L'aurore , ramenant
le calme après la plus affreuse tempête , ne
produisit jamais sur les marins un effet aussi
surprenant. Au bruit de cette nouvelle inat-
tendue , les républicains s'abandonnent , sans
arrière - pensée , à tous les transports de la
joie la plus franche , tandis que l'incrédule
royaliste n'envisage cet événement que comme

une fable inventée à propos par un gouvernement qui chancele & qui veut à tout prix prolonger son existence de quelques minutes.

Buonaparte débarque à Fréjus. Cette fois ce n'est plus un rêve : le voilà. C'est lui, c'est bien lui. La fortune qui l'a toujours conduit par la main, le ramène dans sa patrie. La France tressaillit, l'Europe tremble, sa présence vaut une armée. Quelques jours s'écoulent dans la joie ; viennent ensuite les réflexions. Comment a-t-il pu échapper aux Anglais ? Pourquoi a-t-il quitté son armée ? Que vient-il faire en France ? A-t-il été appelé par le Directoire exécutif ? A-t-il été chassé de l'Afrique ? Chacun attend une réponse à toutes ces questions : Buonaparte seul peut résoudre le problême ; mais il n'éclaircira pas ce mystère : Les mortels doivent-ils connaitre les secrets des Dieux ?...

Par quelle singulière fatalité Buonaparte devient-il tout-à-coup l'espérance des royalistes ? C'est que ces *Messieurs*, dans une de ces inspirations qu'ils croient venir du ciel, ne voient en lui que l'envoyé de l'Angleterre. On assure ostensiblement qu'il apporte la paix, & secretement on le proclame le restaurateur de la monarchie, l'ami des émigrés, &c. &c.

Pourquoi Buonaparte devient-il la terreur

des jacobins ? C'est qu'ils sont bien convaincus que les grandes choses ne sont que des marchepieds pour arriver à de plus grandes; c'est parce qu'ils sont bien convaincus que Buonaparte ne peut pas demeurer au second rang. C'est parce qu'ils savent que, depuis la révolution, nous cherchons une garantie dans les vertus publiques, dans l'amovibilité, dans l'intérêt même des gouvernans, sans jamais avoir pu la rencontrer; c'est parce qu'ils savent que si on cherche cette garantie dans l'amour de la gloire, & dans les vertus militaires, elle sera vraie, durable, & ne laissera plus les portes de la République ouvertes à tous ces politiques *castrati* dont la fausse vue, les intrigues, la pusillanimité & les viles passions ont presque consommé notre ruine. Ils se voient exclus des fonctions suprêmes. Voilà sur-tout le chancre qui ronge leur cœur ambitieux. C'est plus fort qu'eux, ils ne sauraient trouver bon tout ce qui ne se fait point par eux ou pour eux.

Si les chefs de l'armée deviennent ceux de la République, quelle brillante carrière ne s'ouvre pas à nos yeux ! Ceux qui ont su combattre nous ont, dans la victoire, prouvé qu'ils sauront gouverner. Est-il une magistrature qui puisse avoir une source plus légitime ? Dans une République, nul citoyen ne doit occuper des fonctions, s'il n'est agréable au peuple ; & qui lui doit être plus agréable, ou de celui qui verse son sang pour le défendre, ou de celui qui ne s'est fait distinguer dans la révolution que par des phrases ?...

Dans une République, ce sont les meilleurs citoyens qui doivent obtenir l'honneur de commander à leurs égaux ; & le civisme le mieux en évidence, n'est-il pas celui qui fait courir à la frontière plutôt qu'à la tribune, aux harangues ?... En un mot, si on considère les emplois comme la récompense due au mérite, le droit de ceux qui ont acheté la République au prix de leur sang ne préexiste-t-il pas à celui de tous les écritoires possibles ?...

Arrivé à Paris, Buonaparte observe tous les factieux, les écoute & se tait. Les démagogues & la canaille des deux Conseils se rattachent fortement à la Constitution. Ils espèrent que les victoires récentes des Brune & Massena enleveront à Buonaparte tout prétexte de s'appuier sur les dangers de la République pour arriver au gouvernement. Les démagogues, & c'est la première fois de leur vie, ne tarissent plus sur les éloges de Moreau. Hier on l'appelait dérisoirement le Général en chef des retraites, on l'accusait d'avoir laissé Latour - Foissac commander à Mantoue; hier on se faisait un plaisir méchant de rappeler aux royalistes qu'il avait trahi Pichegru en livrant son secret, sans pouvoir être excusé par son amour pour la République, puisque, dans cette hypothèse son devoir lui commandait de le dénoncer plutôt. Aujourd'hui on dit, & tous les échos le répètent: Moreau fut le Fabius, il sera le Pompée des Français, si César passe le Rubicon.

Moreau voit accidentellement Buonaparte. Ces deux hommes se donnent des témoignages réciproques de la plus haute estime. Les factieux qui les guêtent, observent que Moreau n'a point relevé le gant que la discorde lui présente. Sans chef, réduits à leurs propres forces, que vont-ils devenir ? que vont-ils entreprendre ? empoisonner Buonaparte ! cela ne se peut pas : l'assassiner ! ce serait trop odieux : son sang réjaillirait sur le parti qui fournirait le *Brutus*.

De part & d'autre, il se tient des conciliabules. Les démagogues sont dans une défaveur complète, ils ne peuvent rien entreprendre; ils prennent donc une attitude défensive, & se mettent en garde pour parer tous les coups. La faction prussienne, plus

riche ,

riche, plus accréditée, plus audacieuse, ré-
sout l'attaque. Elle jette les deux Conseils
dans le fleuve de la Seine avec la Constitution attachée au col, puis elle charge Buonaparte d'aller les pêcher dans les filets de St.
Cloud. Elle sourit & croit déjà voir les démagogues poignarder ce grand homme dans
cette expédition.

Procul hæc avertant fata! quod Dii prohibeant.

Si ce malheur arrive, c'en est fait de la
République. La faction de l'étranger s'empare
du soldat pour laver la mort de Buonaparte
dans le sang de tous les jacobins. De Paris
aux frontières le massacre eût été général.
Alors les monarchistes dégagés de toutes en-
traves, auraient proclamé le Roi de Prusse
Empereur des Francs, & peut-être qu'ils auraient oublié jusqu'à leur intérêt personnel,
en appelant les émigrés au gouvernemént &
les Bourbons au trône. O abomination ! ô
complot infernal ! tout mon corps frissonne,
le sang ruisselle de mes cheveux hérissés ;
la plume me tombe des mains ; j'ai besoin de
respirer un instant !...

Au revers de ce tableau de désolation, on
voit le génie de la liberté couvrir Buonaparte
de son égide, pendant que son grand cou-

C

rage le conduit à travers tant de brigands. Il triomphe des dangers organisés & accumulés sur sa tête. Ce n'est bientôt plus une victime désignée, c'est un triomphateur qui se place lui-même au poste le plus éminent, & vient, avec un front d'airain, buriner son nom sur l'immortalité.

La faction prussienne, revenue de sa stupeur, s'empresse d'organiser ce qu'elle ne peut plus empêcher. Elle se venge en proscrivant les jacobins qui ont trompé son espoir, elle se constitue commission législative, & donne le Consulat à Buonaparte. Si ce général accepta de vos mains impures le gouvernail de la République, c'est parce qu'il veut la servir & non pour être le chef d'un parti ou le ministre des passions de quelques chétifs individus. S'il a accepté, c'est parce qu'il ne veut pas voir asservir une grande nation qui doit préférer tous les maux à la perte de sa liberté.

O Buonaparte ! tu as déplacé les barbares qui voulaient devenir les arbitres de l'Univers & les tyrans de tes concitoyens ; tu as déchiré ces listes abominables, qui ont déshonoré les journées des 18 & 19 Brumaire : semblable aux éléphans & aux lions, tu t'es contenté de passer sur le ventre de ceux que tu as renversés. Ton grand courage ne connaît point d'ennemis vaincus ; à peine as-tu triomphé que tu ne t'occupe qu'à bien user de ta fortune. Tu t'es imposé toi-même une grande tâche ; la République repose aujourd'hui sur tes destinées, elle est, pour ainsi dire, identifiée avec ton existence.

Veux-tu justifier la haute opinion que tu as fait concevoir de ton génie, sacrifie tout à l'amour du beau ; méprise le mensonge, dédaigne les petits ressorts. Que ta vue n'ait point une action sphérique ; qu'elle ait une direction fixe, déterminée & sur une seule ligne ! Fort de ta conscience, de ton caractère, de ton ardent amour pour la patrie, ne t'appuie pour gouverner que sur toi-même & sur ton courage. Frappe toutes les factions, n'en crains aucune, & sur-tout ne les balance point l'une par l'autre pour établir cet équilibre sur lequel s'assoirait un lâche.

N'employe jamais, soit que tu parle, soit que tu agisse, que des moyens dignes de toi, simples & grands. Que l'intérêt, l'amitié, la reconnaissance, l'amour, l'ambition se taisent dans ton cœur, lorsqu'il s'agit de la patrie ! Que la vengeance sur-tout ne vienne jamais ternir ta gloire ! Que dans ta main, tout meure ; que tout se régénère, que tout

change de forme, que tout prenne une nouvelle vie ! Que sous ton influence, tous les
intérêts particuliers soient suspendus, que
toutes les bouches vénimeuses soient closes;
que toutes les passions haineuses se cachent;
que toutes les parties du corps social prennent la direction qu'il te plaira de tracer ! Lève
le bandeau de dessus les yeux de la justice, arra-
che-lui son poignard, & romps sa balance. (*)
Brise le cercle étroit des demi - sacrifices; sois
comme une seconde providence qui prévoit

(*) A l'époque où les Athéniens rétablirent les
statues qu'Alcibiade avait mutilées, on mit un bandeau
sur les yeux de Thémis, & en même tems elle fut
armée d'un poignard, parce que la République voyait
alors condamner aveuglément & égorger les hommes
qui l'avaient le plus illustrée. Sylla, après la prise
d'Athénes, fit transporter à Rome des simulacres de
cette Déesse, & lorsque Calidius eut dit à ses juges:
“ Vous deviez vous faire mieux payer pour perdre
„ un Préteur, vous m'avez vendu pour un morceau
„ de pain, „ le peuple romain mit, par dérision, une
balance dans la main de Thémis, voulant dire par là
que celui dont la somme ferait pencher la balance
gagnerait sa cause.

Voilà la Thémis que nous retrouvons aujourd'hui
dans tous nos palais de justice. Ne serait-il pas à propos que le pinceau de David, ou que le ciseau de
Canove nous présentât cette déesse avec d'autres em-
blêmes ? Je pense que l'Institut national devrait ouvrir
un concours à cet égard.

tout & qui pourvoit à tout. C'est ainsi que le faisceau national se formera, que l'amour du bien public succédera à l'égoïsme, & que le peuple français sera tout-à-coup métarmorphosé d'une manière étonnante.

Tous les sages, tous les héros de l'antiquité sont déjà ou éclipsés par tes hauts faits, ou ne se sont jamais trouvés dans une situation pareille. En vain te cherche-t-on des modèles, on ne trouve point hors de toi, l'exemple que tu dois imiter. Ta présence seule est le feu sacré qui vivifie tout; tu inspire la confiance, tu commande le respect, tu enchaîne à ton char tous les élémens de la victoire. Avec tant de moyens, tu combleras les vœux du peuple. Déjà nos espérances ne flottent plus sur une mer d'incertitude; *la France n'est plus en péril; elle a vu de quel côté penchera toujours ton illustre naturel.*

Est-il rien de plus merveilleux que de voir Buonaparte s'enchaîner par ses propres mains, & se dire à lui-même? " J'ai été seul choisi „ parmi la plus grande des nations pour régler „ les destins du monde; je dois au peuple „ français qui m'accorde sa confiance une „ preuve anticipée de mon respect pour sa „ liberté. „ Il dit, & nous donne aussi-tôt une Constitution qui limite jusqu'à sa puissancé, consacre le systéme représentatif, assure les droits du citoyen, maintient les institu-tions républicaines, fixe l'indépendance des autorités, & bannit à jamais les monstres qui ont soulevé l'Europe, & armé les quatre con-tineus contre le pays qui les vit naitre.

La Constitution de l'an huit parait; elle fait le désespoir des royalistes qui n'aguères élevaient Buonaparte jusqu'aux nues. A peine en ont-ils achevé la lecture qu'aussi-tôt ils s'écrient : cela ne peut pas tenir, Buonaparte nous a cruellement trompés; mais il périra. Nous le jurons par les mânes de Capet ; nous le jurons par les (*) bagaudes de la Vendée!..

La faction prussienne de son côté ronge son frein, sa rage est muette; mais elle pré-pare la vengeance. Elle s'allie à tous les roya-listes purs, & se place effrontément dans les premiers fauteuils de l'État. Déjà elle avait lancé au milieu de nous des brandons de dis-corde, les cloches sonnaient la contre-révo-lution pendant que les journaux affidés éta-blissaient un système d'opposition pour en-

----

(*) On donna ce nom à des paysans qui se ré-voltèrent dans l'Armorique, & soulevèrent presque toutes les provinces des Gaules en-deçà de la Loire en 435.

traver tout, dépopulariser & Buonaparte &
le Conseil d'Etat.

O vous, Tribuns, qui avez paru vouloir
reprendre les erremens des orateurs des pré-
cédentes législatures ! n'auriez-vous considéré
vos augustes fonctions que comme un moyen
de renverser le gouvernement ? Serait-il vrai
que vous espérez que la conservation des
impôts, que la continuation de la guerre
fourniront un prétexte pour soulever le peuple contre le premier Consul ? Êtes - vous,
dites - moi, bien assurés dans vos arçons pour
oser porter sur lui vos regards indiscrets ?
Ne craignez - vous point que la terre s'en-
trouvre sous vos pas pour vous punir d'avoir
fait des vœux aussi sacrilèges ? écoutez mes
conseils.

Vous avez vu les feuilles dégoûtantes de
royalisme disparaître comme les nuages qui
obscurcissent le soleil. Eh bien, voilà le présage assuré de nos victoires futures ! Le flam-
beau de la discorde est éteint, ne le rallumez-
pas; ne dédaignez point les leçons de l'expérience, *désenflez vos prétentions, vous n'êtes
point des hommes nécessaires.* Et, puisqu'on ne
vous a pas encore mis le cachet d'Angeronne
sur la bouche, profitez du privilège que la
Constitution vous accorde, pour épancher

dans le sein de la République, des vérités qui débordent de tous les cœurs; écartez toutes ces réticences étudiées, dont le but est de se ménager des amis, des défenseurs ou des protecteurs dans tous les partis ; soyez inaccessibles à la jalousie, & sur-tout, *séparez-vous de l'étranger*, SOYEZ FRANÇAIS !...

Embouchez la trompette qui doit ressusciter l'enthousiasme ; rassurez les timides, dessillez les yeux de la multitude, il est faux qu'elle doive être abandonnée à l'erreur & aux préjugés ; armez tous les bras, ramenez les égarés ; tendez les mains au coupable qui rentre sincèrement dans le giron de la République ; fermez à jamais le livre des reproches. Que le passé disparaisse ; il est trop affreux, il est trop dégoûtant de regarder long-tems derrière soi !

C'est le seul moyen de faire cesser cette anxiété, ces incertitudes, ces contrariétés, ces divisions qui engendrent l'égoïsme, tarissent nos finances & paralysent toutes les ressources de la valeur nationale. C'est le seul moyen de déclarer une guerre à mort au système affreux qui accoucha de tous nos maux.

Et vous, royalistes purs, qui voudriez boire dans nos crânes, & beugler des *Te Deum* sur des autels construits avec nos ossemens ! C'est en vain que vous vous flattez de vivre dans la servitude ; c'est en vain que vos mains préparent les chaînes qui doivent garantir votre esclavage ; c'est en vain que vous ouvrez les portes de la France à ce débordement d'étrangers qui ont converti en fureur leur honte d'avoir été jadis vaincus. Dépouillés de toute considération, prisonniers, jouet de l'arrogance & des caprices du vainqueur, vous flattez-vous de fléchir ces barbares par une attitude humiliante, par les larmes de vos femmes & de vos enfans, par le dénombrement des hommes libres que vous aurez égorgés, par le détail des services que vous auriez rendus aux émigrés, par la libre restitution des biens que vous avez acquis, par votre empressement à payer vos contributions. Ah, détrompez-vous ! vous serez plus malheureux que nous ; nous périrons les armes à la main. Mais vous ! vous ne faites qu'élever la cime de la roche d'où vous serez précipités.

Faut-il parler à votre cœur endurci le langage des exemples ? Ouvrons l'histoire des guerres de Louis XIV, nous verrons en Hollande les soldats français violer les femmes & les filles en présence de leurs maris ou de leurs pères ; nous verrons des enfans au berceau jetés dans le feu, des villes, des bourgs incendiés ; nous verrons le Duc de Luxembourg qui se glorifiait de porter le titre de *premier Baron Chrétien*, inspirer aux troupes ces sentimens de fureur : " Allez, mes enfans, „ leur dit-il avant d'entrer dans les villages de Swamerdam & de Bodegrave où une seule maison échappa à la fureur des flammes, " pillez, „ tuez & violez. Répondez à l'honneur que „ Sa Majesté vous a fait de se servir de vous „ dans une guerre qu'elle n'a entreprise que „ pour étendre sa gloire & sa puissance jus-„ qu'au bout du monde. „ (*Valkenier*)

Qu'avaient fait ces républicains pour être égorgés, pillés, incendiés par les bandes d'un tyran qui crut pouvoir arriver à la monarchie universelle ? Ce qu'ils avaient fait ! Colbert, ambassadeur de Sa Majesté Très-Chrétienne en Angleterre, chargé de négocier la rupture de la triple alliance, nous l'apprend lorsqu'il insinue à Charles II, " qu'il ne faut rien épar-„ gner pour se venger d'une République qui, „ selon ses ennemis, veut fouler aux pieds „ la Majesté Royale, & inspirer aux autres „ nations le même mépris qu'elle témoigne „ pour les têtes couronnées. „

Les seigneurs de *la Cabale* (*) vendus à la France, nous apprennent aussi les motifs sur lesquels s'appuiait la rage de Louis, lorsqu'ils représentent à ce même Charles la facilité qu'il y aurait à se venger des Etats. " Votre „ Majesté ne risque rien, lui disaient ces mi- „ nistres, les Hollandais se sont rendus odieux „ à tous les princes de l'Europe. Les plus „ puissans se contenteront d'être spectateurs „ de cette guerre, & verront même avec plai- „ sir humilier l'orgueil d'une République qui „ semble vouloir braver les Rois. „

La Hollande se voyait élevée, par une sage administration, à un degré de gloire & de richesses qui lui attirait l'envie de la plupart des nations voisines ; voilà ses torts : les autres allégations ne furent que des prétextes. Mais les torts de la République française envers la Royauté ne sont-ils pas d'une nature bien supérieure ? L'expiation ne doit-elle pas être proportionnée à la culpabilité ? Nous avons tranché la tête à Capet, secoué tous les préjugés, proclamé toutes les idées libérales. Nous avons créé plusieurs Républi-

---

(*) Clifford, Arlington, Burckingham, Ashlei & Lauderdale.

ques, & tous les peuples, à notre exemple, ont plus ou moins senti les pulsations de la liberté; enfin nos victoires ont refoulé sur les Rois la crainte qu'ils voulaient nous inspirer; leurs trônes ont failli de crouler. Ah! si nos ennemis parviennent jamais à se partager notre territoire, les effets de leur indignation seront d'autant plus terribles qu'elle aura été plus long-tems concentrée!.. Les Hollandais vaincus ne trouvèrent point de grace devant une armée de Français qui n'avaient point de quérelles à venger, qui ne servaient que pour la gloire de leur Roi! Que devons-nous espérer des hordes demi-sauvages, armées de fanatisme & de fureur, commandées par un Suwarow qui, comme le Duc de Luxembourg, " remercie Dieu tous „ les jours de ce qu'il l'a fait naître sans pitié „ & sans compassion, afin d'être d'autant plus „ capable de servir son maître. „

(Valk. Verwerde eur.)

La coalition revet sa perfidie par de fausses promesses; victrice elle saura bien rectifier les circonstances qui lui interdisent de manifester ses projets : son but est inaltérable. Surpassant tous les massacres, ceux qui échapperont iront, dans l'exil ou la captivité, pleurer leur sottise, & alimenter dans des mines les ressources de la tyrannie. Voyez les pays envahis! Nonobstant les soumissions , les capitulations, les promesses, les proclamations, les sermens de l'ennemi , tous les notables sont inhumainement massacrés , & l'on ne sait pas encore le sort qui attend ceux qui leur ont survécu. Les Rois ne veulent point donner encore la mesure de la vengeance qu'ils espèrent exercer; ils intimideraient leurs amis, ils donneraient aux lâches le courage du désespoir, ils fortifieraient les timides , & assureraient à jamais les rênes du gouvernement dans la main des forts. Vous êtes Royalistes, dites-vous, parce que vous redoutez la trop active existence d'une République; votre mollesse, votre ignorance s'accommoderaient mieux de l'esclavage. Mais si vos intérêts bien raisonnés sont dans la République, si la Providence vous arma de courage, c'est pour la défendre : obéissez du moins à la voix de la nature, & que la liberté n'expire qu'avec le dernier des Français !

Le Russe, le Germain, l'Anglais, l'Italien ne trouveront point de Royalistes en France; vous serez à leurs yeux d'autant plus jacobins qu'il y aura plus à prendre chez vous; vous n'avez donc rien à gagner à la contre-révo-

lution. D'un autre côté, vous risquez tout
en résistant à la République ; consultez donc
mieux vos intérêts, transigez avec nous, mé-
ritez votre pardon, combattez dans nos rangs ;
& nous ne verrons plus en vous que de
braves compagnons de notre gloire, des amis
& des frères !...

Et vous, riches égoïstes, qui vous rangez
parmi les troupeaux de ces propriétaires effé-
minés, qui tombent en syncope au moindre
bruit des armes ! Doit-on priser la vie ? doit-
on tenir à ses richesses, lorsque des barbares
menacent d'envahir notre territoire ? Si votre
inactivité sert à briser le gouvernement qui
paraît, *vous dispenser de ces grands efforts
qui régénèrent les nations* ; tremblez de voir
ses destins irrésistibles vous entraîner dans sa
chûte. C'est en vain que vous espérez de
vous séparer des événemens futurs en sacri-
fiant vos devoirs à votre intérêt. Si jamais
le problème de la République est résolu né-
gativement, votre défection n'arrêtera point
le glaive, encore moins la rapacité de l'ennemi.
Vous êtes nés Français ! c'en est assez : les
Rois sont intéressés à vous détruire. Vous
êtes riches ! vos biens serviront à payer les
frais de la guerre, enrichiront les armées dé-
vastatrices, indemniseront la royauté, les

princes, les émigrés, l'église, ses bedeaux & toute l'engeance monacale. Si, après avoir réfléchi sur des vérités aussi tangibles, vous vous flattez encore de concilier votre exis‑tence, & de conserver votre fortune avec la royauté, lâches! la République n'espère plus en vous : ensevelissez alors votre tête comme l'autruche, & attendez, dans le plus profond silence, le sort que Buonaparte ou que les Rois vous préparent.

Et toi brillante jeunesse, l'honneur de la nation, l'espoir de la République! Déjà l'é‑tranger ne nous croit plus Français, il veut la guerre, il se refuse insolemment aux ou‑vertures pacifiques & conciliatrices du Géné‑ral-Consul. (*) Ah courons à la frontière! le moment de la gloire est arrivé. Notre patrie n'est plus cette mère ingrate qui, au nom de la loi, nons commandait les plus grands sa‑crifices, & laissait le mérite & les services sans récompense. On pensait avoir fait un grand effort, lorsqu'on décrétait ces ridicules *bien mérités*, tombés en désuétude, souvent appli‑qués aux instrumens des factions, & devenus depuis long‑tems un objet de dérision dans

—————————————————————————

(*) Voyez les notes du noble Lord Grenville en réponse à celles de Tailleyrand.

les camps. Le métier des armes ne sera plus
la carrière de la misère & de la honte. La
mort armée de sa faulx terrible, ne sera plus
en sentinelle à la porte des hôpitaux. La nu‑
dité, la faim ne seront plus votre partage.
Les armées enfin ne seront plus ces cloaques
où quelques brigands mandaient ensevelir avec
gaieté des générations entières. Le gouver‑
nement qui organisait les déroutes, livrait
nos magasins & vendait les places fortes à
l'ennemi, est tombé sous les carreaux de
Buonaparte.

Combien il est cruel de se rappeler qu'un
guerrier ne pouvait se présenter dans l'inté‑
rieur avec son uniforme sans être insulté; que
les braves mutilés dans les champs de l'hon‑
neur se traînaient naguères dans la boue mou‑
rans de besoin; que tous les emplois mili‑
taires étaient donnés par la faveur qui stéri‑
lise tout, ou arrachés avec une légèreté qui
a totalement déconsidéré la plus respectable
utilisation des facultés du citoyen!...

Qu'il est honteux de se rappeler que le
plus illetré des fonctionnaires publics, tou‑
jours triste enfant de la cabale ou des intri‑
gues électives, s'est cru dans un tems un être
bien plus important que le vainqueur de Fleu‑
rus ou d'Arcole!...

Les

Les anciens savaient bien mieux apprécier le mérite des défenseurs de la patrie ! Plutarque dit que l'état militaire est le seul où l'on moissonne de la gloire & des vertus. Philopemen méprisait tous ceux qui n'étaient pas soldats, comme gens qui ne sont bons à rien. Titus Vespasien souhaitait à tous les lâches qui craignaient le métier des armes, la mort par maladie en tems de paix. Périclès, dans sa harangue funèbre, à la louange de ceux qui étaient morts à la guerre de Hamos, énonce la même opinion. Voyez ce Thessalien qui affirme que les plus sots de sa nation sont ceux qui n'ont point été à la guerre ; écoutez ce Gimnosophiste, qui interrogé par Alexandre sur les moyens qu'il devait employer pour être mis au rang des Dieux, lui répondit : Ton épée seule peut t'ouvrir les portes du ciel. Metastasio nous dit :

Ogni sublime acquisto
Va col suo rischio insieme :
Questo incontrar chi teme,
Quello non dee sperar.

O ma chère patrie ! récompense, honore les braves qui ont fondé ta puissance, & qui feront ta gloire dans tous les siècles. Sois

D

juste envers tes défenseurs, ou crains de les forcer un jour à ne plus te servir qu'en vrais mercénaires. Sans la reconnaissance nationale, la profession des armes ne sera plus une école de bravoure, de désintéressement & de vertus civiques, qui élèvent l'ame, & qui d'un simple citoyen en font un héros ; elle deviendra une profession obscure & avilie, abandonnée à des gens sans ressource & peut-être sans mœurs, qui se vengeront par leur mauvaise conduite de l'ingratitude de leurs concitoyens. Les emplois militaires sur-tout sont la récompense du mérite & de la bravoure ; c'est une propriété mille fois plus inviolable que l'héritage qu'un père transmet à ses enfans. Le jour où un gouvernement destitue les militaires sans autre motif ostensible que sa volonté, les colonnes de l'État sont ébranlées ; l'honneur ne cherche plus aucune garantie dans les lois ; les mécontens trouvent des chefs ; les factieux s'en emparent ; il se forme une opposition dont l'accroissement & les succès peuvent devenir incalculables.

Mais qu'est-il besoin, dans ce jour, de manifester une opinion qui ne peut jamais devenir la censure du Gouvernement actuel ? Qui sait mieux que le général-Consul, & ce qu'un militaire doit à son pays , & ce que la République doit à ceux qui combattent pour son indépendance ? Abandonnons - nous donc avec confiance à la sagesse de Buonaparte , & reprenons notre lyre pour chanter les hauts faits des armées; chantons l'honneur de ces jeunes Français dont la place fut assignée aux frontières. Mais, ô dignes enfans de Mars! que vais-je entreprendre ? Quand je serais un nouvel Homère ; quand j'aurais cent langues & toute l'éloquence du Parnasse , il me serait impossible de chanter dignement vos exploits! Vous avez manqué de nourriture & de véte-mens, couché sur la terre, bivouacqué dans les glaces , bravé tous les climats, gravi les rochers les plus escarpés, passé au guè les fleuves les plus rapides, renversé les batail-lons les plus épais, enlevé les places les plus fortes. Toutes les nations qui habitent cette partie de l'Europe renfermée entre le Rhin, l'Ocean, le Volga, & depuis le mont Abnobé jusqu'aux six embouchures du Danube, sont armées contre vous; elles sont les plus guer-rières de l'Univers, & vous avez non - seule-ment résisté aux efforts combinés de leur puis-sance, mais vous en avez triomphé presqu'au-tant de fois que vous les avez combattus ; la

Méditerranée, le Golf Adriatique, la Mer Egée ont porté vos armes. Vous avez incarcéré le Rhin, les Alpes, les Pyrénées. Vous avez fait sourire l'ancienne Thébaïde en transplantant sur les bords du Nil les arts & les sciences qui fleurissent en Europe; la fertile Egypte, après un sommeil de plusieurs milliers d'années, se réjouit de reparaître sur la scène du monde à l'ombre de vos lauriers; la présence des savans qui ont honoré l'expédition de Buonaparte, lui rappelle ces tems fortunés où elle fut visitée par Homère, Licurgue, Solon, Platon, Pythagore, Démocrite, Œnopide, Eudoxe; la liberté s'est plus d'une fois lassée de vous donner des ordres, jamais, jamais vous ne vous êtes lassés de les exécuter ! Comment enfin compter vos belles actions ? le nombre de vos victoires surpasse le nombre des jours que vous avez été présens à l'armée. Tous les peuples vous admirent, & ce qui vous fait plus honneur encore, ils vous détestent, parce que votre grandeur, votre générosité, vos vertus font trop ressortir leurs vices.

En effet, si des batailles où des milliers d'hommes s'égorgent impitoyablement ; si des révolutions étonnantes, qui renversent les empires les mieux affermis ; si des vastes campagnes teintes de sang n'offrent aux yeux du sage qu'un spectacle d'horreur, que n'avez-vous pas tenté pour vous faire pardonner les maux que vous fites à l'humanité ?

Vous forcez les Rois à baiser respectueusement la main qui les frappe ; vous faites chanter vos vertus à tous ceux qui vous abhorrent ; vous avez émancipé tous les peuples qui s'en sont montrés dignes ; vous n'avez combattu que pour assurer votre indépendance ; vous n'avez attaqué le fanatisme & l'ignorance que pour faire ressortir la morale & la vérité dans toute leur splendeur. Les généraux romains encourageaient les soldats, en leur promettant des largesses & le pillage après la victoire ; vous êtes plus grands que ces héros de l'antiquité, le seul amour de la gloire vous anime. Vous êtes aussi supérieurs à la victoire qu'à vos ennemis ; vous donnez à vos désirs des bornes moins étendues qu'à votre puissance ; vous êtes plus jaloux du titre de citoyen que de celui de triomphateur.

Ah ! vous êtes bien la plus subtile partie du peuple français ; vous êtes ceux qui habitent la partie éthérée de la République ; vous êtes dans les cieux, tous les autres citoyens sont sur la terre ! Chacun de vous n'est-il pas à lui-même un dieu ? N'avez-vous pas forcé l'Eternel à céder à la France le premier rang parmi les nations ? Quelle est cette brillante aurore qui se présente à nos yeux ? elle est vêtue d'un habit de pourpre ; elle ouvre les portes de l'Orient, & son palais parsemé de roses ; la nuit de la révolution achève son cours ; les étoiles se cachent ; le soleil commande aux heures d'atteler à son char ses chevaux nourris d'ambroisie. Ils ne s'élèvent pas trop, crainte d'incendier les cieux ; ils ne s'abaissent pas trop, crainte de brûler la terre : ainsi le général-Consul, marchant d'un pas triomphal à travers toutes les factions, s'éloigne également & du royalisme, & de la démagogie : il fonde la liberté sans licence, malgré les efforts violens d'Encelade, à demi brûlé, enterré tout vivant sous le Mont-Gibel. Son épée resplendissante a vaincu les factieux & pacifié l'intérieur, sans que sa sagesse ait cessé un seul instant de triompher de sa colère ; son front n'a jamais rien eu de menaçant, ses yeux n'ont rien de farouche, ses bienfaits font dérider jusqu'au vieux Japet ; une odeur de myrrhe & de safran se répand dans toute la France; Enfin Astrée, fille de Jupiter & de Thémis, gardienne de la justice, placée dans le Zodiaque au signe de la vierge, voyant reparaître le siècle d'or, descend sur la terre, nous préfère à tous les peuples, & vient habiter parmi nous.

Da questo giorno un nuovo
Fortunato incominci ordin di giorni ;
E ad abitar ritorni
Da' numi accompagnata
Sulla terra felice astrea placata.

METAST.

Voyez avec quelle magesté digne de vous, Buonaparte présente la paix à toutes les nations ; voyez ses efforts constans pour rapprocher des peuples faits pour s'estimer. Bientôt l'humanité souffrante n'aura plus à gémir de la prolongation de la guerre, si nous environnons le premier Consul de toute notre confiance. Armé alors de la toute-puissance de l'opinion & de l'esprit national, sans lequel les peuples ne sont que de vils troupeaux, Buonaparte fera dans peu larmoyer cette peuplade dont la conduite justifie bien aujourd'hui l'ancien proverbe : *anglica gens est optima gens, sed pessima ridens.*

C'est Pitt qui parle ainsi, il nous assure lui même que les Anglais, dans les revers, sont les plus traitables du monde ; écoutez ce qu'il a dit tout récemment (*) à la chambre des Communes : " Si l'effet des armes de „ nos alliés trompait notre attente ; si l'espoir „ de substituer la Royauté au nouveau gou- „ vernement s'affaiblissait ; dans ce cas je pro- „ mets à mon nom & au nom de mes collè- „ gues, qu'accessibles à l'influence des évé- „ nemens, nous réglerons en conséquence nos „ conseils à notre Souverain. „

Vous l'avez entendu, Français ! vous voulez la paix : Pitt nous indique les moyens de l'obtenir. Oui, perfide nation ! nous suivrons tes conseils, tu ose avouer que tu n'as remporté quelques succès momentanés que pour perpétuer les horreurs de la guerre ; he bien ! les Français plus grands, plus généreux, se font honneur de n'avoir combattu & de ne combattu désormais que pour garantir leur indépendance. Nous triompherons, Mr. Pitt, n'en doutez point. Que vos orateurs se répandent en injures contre le premier Consul,

---

(*) Extrait du Morning-Chronicle, séance du 3 février (14 pluviose an 8.)

nous vous abandonnons le privilège de mettre des invectives dans la balance, joignez-y
encore la *Curtana* de Georges, nous y mettrons
nous l'épée de Buonaparte ; du palais à la chau-
mière, de (*) Veigy à Paris, nous courrons

(*) Veigy est situé à un myriamètre de Genève , &
à quatre kilomètres à l'est du lac Léman. Veigy me vit
naître , il me servit de retraite aux jours de mes dis-
graces ; il sera toujours pour moi le séjour le plus
délicieux. Son territoire est très-riche , parsemé de
grands arbres & de demeures champêtres qui annoncent l'abondance & la prospérité. Les habitans en sont
laborieux , actifs & intelligens , la paix de l'ame est
peinte sur leurs fronts agrestes & sereins. Des routes
solides , bien ouvertes, bien entretenues , ombragées
sur-tout par des noyers, qui semblent vouloir disputer
à la terre tous les rayons du soleil , sont , pour l'œil
observateur , comme autant d'avenues au milieu d'un
vaste jardin tracé par la nature. Chaque paysan a son
habitation isolée. Sa maison , sa grange, ses écuries ,
ses bestiaux bien lustrés , son jardin enrichi des meilleurs légumes, offrent des modèles de propreté. Les
femmes sont jolies , leur maintien est décent, leurs
vêtemens sont propres & très-soignés. On ne retrouve
à Veigy presque aucun des vices que la fainéantise
engendre ailleurs ; personne n'y a rien de superflu ,
mais aussi personne n'y éprouve des besoins ; on n'y
voit point de ruines ; on n'y trouve point cette dis-

en harmonie repousser les mercénaires dont tu crois déjà voir inonder nos contrées. Le peuple français ne veut point faire la loi à ses ennemis, mais il ne la recevra jamais des autres nations ; il préférerait plutôt s'ensevelir tout entier sous les ruines des villes incendiées, il préférerait être englouti dans les abimes de la terre.

O braves armées ! empressons nous de fournir à Pitt l'occasion de réaliser l'assurance qu'il nous donne de proposer lui même la paix, *si l'effet des armes de la coalition trompe son attente.* L'Allemagne combattit 30 ans pour constituer son gouvernement ; les Suisses eurent 60 ans de guerres extérieures ou civiles lorsqu'ils secouèrent le joug de l'Autriche ; les Hollandais, les Etats Unis nous ont donné l'exemple d'une opiniâtreté nationale ; la France monarchique sacrifia tout pour la guerre de

proportion si funeste entre un petit nombre de riches qui dévorent, qui absorbent tout, & une population immense de journaliers. Tous les paysans sont propriétaires & vivent du produit de leurs terres. O admirable distribution de la fortune !... tu exclus le luxe & les haillons de l'indigence ; tu es la seule & vraie source de l'aisance publique & de la félicité particulière !..

succession ; l'Empire défendit pendant 40 ans la rive gauche du Rhin , & nous , nous perdrions dans un an le fruit de dix années de travaux ! Non , le Français aime l'honneur, il se passionne pour la gloire , il ne craint aucun danger , il surmonte tous les obstacles, il supporte toutes les fatigues , il ne se laisse point abattre par les revers, les plus perfides trahisons n'ont même aucune influence sur son courage. O immortels guerriers! vainqueurs de cent peuples conjurés contre la liberté de votre patrie! nous avons bien commencé, il nous faut encore mieux finir; combattons, triomphons , & demeurons esclaves des lois; ce n'est que par la discipline que les armées sont utiles & recommandables. Obéissez à vos chefs ; environnez-les de votre estime & de la considération publique. Ils sont les dépositaires de votre force, il faut leur inspirer, par vos égards & par vos respects, l'ambition de remplir toujours leur devoir avec honneur. Encore quelques jours, & vous verrez les arts , les sciences , les richesses & l'abondance embellir vos trophées ; encore quelques jours, & vous serez amplement dédommagés de toutes vos fatigues , vous arriverez à la fin glorieuse de vos travaux; vous pourrez alors rentrer dans vos foyers pour y pratiquer les douces vertus domestiques, & jouir des récompenses & des honneurs que la magnificence nationale vous prépare. Encore quelques jours, & nous verrons la paix tenant une torche allumée d'une main, mettre le feu à nos armes brisées, & de l'autre nous présenter une branche d'olivier avec cette devise : *Paci orbis terrarum.*

F I N